AF188638

Wolfgang Schnepper

Psyche im Kinderfußball

Der wichtigste Aspekt im Kindertraining

Wolfgang Schnepper, Jahrgang 1964, Diplomsportlehrer,
Ex-Bezirksligaspieler im Fußball,
1988-89 in der deutschen Triathlonspitze,
1990 Bayerischer Meister im Body-Building,
1998 Konditionstrainer im bezahlten Fußball

Bibliografische Informationen der Deutschen
Nationalbibliothek: Die Deutsche Nationalbibliothek
verzeichnet diese Publikation in der Deutschen
Nationalbibliografie; detaillierte bibliografische Daten sind
im Internet über http://dnb.d-nb.de abrufbar.

©2019 Wolfgang Schnepper
Herstellung und Verlag: Books on Demand GmbH
Norderstedt
Satz und Layout: Wolfgang Schnepper

ISBN 978-3-7481-3244-8

Inhalt

Vorwort 6

Psyche allgemein...7

Psyche von Kindern..8

Grundlegende Dinge für Bambini/F-Jugend im Training...15

Taktik Im Kinderfußball..19

Ziele des Bambinifußballs..22

Ziele des F-Jugendfußballs.......................................23

Betreueraufgaben...24

Sanktionen im Kinderfußball.....................................26

Aufbau der Trainingseinheiten..................................27

Extremer Muskelkater (Rhabdomyolyse).................30

Richtlinien Für Kindertrainer....................................32

Trainingseinheit Geburtstag.....................................34

Psyche und Motivation..38

Literaturverzeichnis..41

Notizen..42

Vorwort

Vorwort

Aufgrund der großen Nachfrage im Kinderfußball endlich einmal ein Buch über Kindertraining zu schreiben, dass sich fast ausschließlich und intensiv mit der Psyche von Kindern und den richtigen Verhaltensweisen ihnen gegenüber beschäftigt, gehe ich hiermit diesem Wunsch nach.
Diese beiden Komponenten werden auch meiner Meinung nach zu wenig behandelt, und oft in ihrer Bedeutung unterschätzt. Dabei sind sie im Kindertraining noch viel wichtiger als Trainingsübungen, Taktik, Spielsysteme, Spielergebnisse, Leistung usw.
Der Inhalt dieses Buches ist wohl für jede Trainerin und Trainer im Kinderfußball eine große Bereicherung.

Psyche

Psyche allgemein

Bei der allgemeinen Definition von Psyche wollen wir uns relativ kurz fassen. Die Psyche wird als ein Ort menschlichen Fühlens und Denkens aufgefasst
Sie ist die Gesamtheit aller geistigen Eigenschaften und Persönlichkeitsmerkmale eines Menschen. Im Gegensatz zur Seele beinhaltet die Psyche somit keine transzendenten Elemente.

In der Medizin nimmt man heute an, dass Körper (Physis) und Geist (Psyche) nicht grundsätzlich voneinander unabhängig sind, sondern sich gegenseitig beeinflussen können. Dies bezeichnet man als den allseits bekannten Ausdruck "Psychsomatik".

Psyche von Kindern

Die Psyche von Kindern ist somit ein Ort kindlichen Fühlens und Denkens. Kinder leben in einer "Kinderwelt", und diese darf nicht zerstört werden. Trainerinnen und Trainer müssen sich in diese Welt hineinversetzen wie auch die Eltern und Erzieherinnen und Erzieher es tun. Wir brauchen einen behutsamen Umgang gegenüber den kleinen Fußballern, denn "Kinderseelen" sind noch sehr zerbrechlich, und die Persönlichkeitsmerkmale sind natürlich in keinster Weise gefestigt.

Seien wir doch einmal ehrlich zu uns selbst, wenn ein Kind weint, "zerreißt" es doch förmlich unser Herz. Wir leiden genau so wie das betreffende Kind.

Doch lacht ein Kind laut, ausgelassen und volllkommen fröhlich, geht da nicht unser Herz auf und wir nehmen diese Freude nicht auch genau so auf.

Trainerinnen und Trainer freuen sich wenn Kinder Spaß am Training haben. Der Job als Kindertrainer wird meistens ehrenamtlich geleistet, man verdient kein Geld damit und ein hohes gesellschaftliches Ansehen bleibt meistens aus. Doch der Kindertrainer hat die höchste Verantwortung von allen Trainern überhaupt. Dies dürfte allein schon aus den obigen Definitionen klar geworden sein. Machen sie ihren Job gut, können diese Trainer sehr stolz auf sich sein und verdienen höchsten Respekt und Anerkennung.

Doch kommen wir zurück zur Psyche von Kindern.

Psyche von Kindern

Psyche der Kinder und allgemeine Verhaltensweisen ihnen gegenüber

Die Förderung der psychischen Widerstandsfähigkeit von Kindern ist von extremer Bedeutung. Misserfolge sind von Kindern nur schwer wegzustecken, und müssen möglichst vermieden werden. D.h., eine konsequente Überforderung der Kleinen darf nicht passieren.

Mit den richtigen Herausforderungen können Eltern und Trainer helfen, die Psyche zu stärken.

Wie der Körper ein Immunsystem besitzt, gibt es auch für die Seele eine Art Immunsystem.

An Stelle von Bakterien und Viren wird dieses seelische Immunsystem durch Streit, Misserfolge oder Unglücksfälle belastet. Bei einen Streit zum Beispiel sind manche Kinder sehr selbstbewusst, und stecken dies einfach weg. Sie sind in der Lage viele belastende und kritische Erfahrungen zu bewältigen, ohne jeglichen Schaden zu nehmen. Diese psychische Widerstandsfähigkeit nennt die Wissenschaft „Resilienz". Andere Kinder hingegen ziehen sich nach einem Streit zurück, und müssen den Disput erst einmal verarbeiten.

Es gibt nun aber Methoden und Merkmale, die die Entwicklung von Resilienz fördern oder hemmen können.

So fanden Wissenschaftler tatsächlich heraus, dass resiliente Kinder wirklich über schützende Komponenten verfügen, die die psychische Widerstandsfähigkeit erhöhen. Diese zu kennen ist für Eltern, Erziehern und Trainern von hoher Bedeutung, denn dadurch kann man die Seele eines Kindes stärken.

# Psyche von Kindern

Die primäre Stelle liegt natürlich im Elternhaus. Die Kinder brauchen eine stabile emotionale Bindung zu den Eltern, zu mindestens aber einem Elternteil. Diese brauchen einen verlässlichen und sensiblen Erziehungsstil. Hierbei wird das Kind unterstützt, gefördert, es bejaht und ihm möglichst viele Freiräume gegeben. Gleichzeitig müssen ihm aber auch möglichst freundlich und liebevoll altersgemäße Grenzen gesetzt werden. Denken wir daran, das Kinder noch nicht alle Gefahren kennen. Wenn wir Kindern zum Beispiel räumliche Begrenzungen auferlegen, dürfen diese nicht missachtet werden. Denken wir hier nur an den Straßenverkehr oder andere Gefahren außerhalb des gesetzten Raumes. Die Trainerin oder der Trainer muss diese räumlichen Begrenzungen natürlich auch absolut vorgeben. Jeder kann sich jetzt wohl plastisch vorstellen, welche Verantwortung man bei einem Kindertraining übernimmt.

Zusätzlich spielt die gesamte soziale Umgebung des Kindes eine entscheidende Rolle. Positive emotionale Beziehungen zu Freunden, Nachbarn, Verwandten, Trainerin oder Trainer usw. bieten einen „Zufluchtsort" bei schlechten oder belastenden Familiensituationen.

Trainerinnen oder Trainer sollten auch die Eltern umgehend kontaktieren, wenn ihnen etwas „seltsames oder nicht "normales" an den kleinen Fußballern auffällt. Hier erkennen wir die große Verantwortung der Trainer in einem weiteren Bereich.

Die Kinder brauchen gute Beziehungen zu Eltern und dem weiteren Umfeld, woran auch die Trainerin oder der Trainer arbeiten kann. Schnell erkennt das jeweilige Kind nun: Ich bin wertvoll und anderen nicht egal.

 # Psyche von Kindern

In diesem sicheren positiven Bereich bauen Kinder Mut, Selbstbewusstsein und Resilienz auf. Sie entwickeln allgemeines Interesse, vitale Lebensenergie, Neugier, Fantasie, Kontaktfreude und können aggressive Energie kontrollieren.

Die Entwicklung der optimalen Resilienz bedeutet auch des Einbinden der Kinder für kleine Arbeiten wie den Frühstückstisch decken, Erdbeeren pflücken im Garten oder auch mal das Kehrblech zu benutzen. Solche kleinen Aufgaben sollen sie auch im Kindergarten und im Fußballtraining übertragen bekommen (heute trägst du mal die Leibchen oder die kleinen Pylonen usw.).

Und es ist ganz wichtig die Kinder für solche Verantwortung auch zu loben. Jetzt tragen sie etwas zur Gemeinschaft bei, und erfahren eine Wertschätzung. Schnell lernen sie dabei auch, habe ich Probleme, darf ich jederzeit um Hilfe bitten.

Jetzt kommt ein ganz wichtiger Punkt. In der Regel soll das Lob fast immer spezifisch auf ein Verhalten und nicht verallgemeinernd sein (Ausnahmen sind durchaus erlaubt).

Kinder verfügen von Natur aus über Eigenschaften wie Hilfsbereitschaft, Neugier, Empathie usw., die die Resilienz fördern. Aber die Erwachsenen haben immer wieder die Aufgabe diese Richtungen auch gezielt zu fördern.

Wir haben schon genug erwachsene Menschen, denen Empathie, Hilfsbereitschaft, Vorsicht, positive Neugier usw. verlorengegangen sind. Ist Ihnen nicht schon aufgefallen, wie viele Erwachsene oder Jugendliche in einem vollkommenen Egoismus leben. Wenn hier der Trainer oder die Trainerin den Kindern auch nur ein wenig mehr zur Resilienz verhilft, hat er oder sie mehr als nur ein Training mit den Kleinen durchlebt.

Psyche von Kindern

Aber Sieg und Niederlage, und damit Enttäuschungen, gehören natürlich zum Leben. Schon kleine Kinder müssen einiges einstecken und entwickeln Strategien, mit Enttäuschungen fertig zu werden. Wichtig ist auch, dass die Eltern und die Trainer beim Training und im Wettspiel richtig reagieren.

"Ich kann das, ich schaffe das" – und schon geht der Schuss daneben oder der Einwurf wird vollkommen falsch ausgeführt. Kinder schätzen ihre Fähigkeiten oft nicht realistisch ein, deswgen sind es ja Kinder. Natürlich gibt es auch Erwachsenene, die ihre Fähigkeiten oft falsch einschätzen, aber hier ist etwas in der Entwicklung falsch gelaufen und nicht unser Thema. Trainer können sie darin unterstützen, indem sie ihnen zu ihrem Alter passende Aufgaben stellen und immer wieder für kleine Erfolge loben. Zu leicht dürfen die Aufgaben nicht (immer) sein, denn Enttäuschungen unterstützen Kinder dabei, ihre falschen Einschätzungen zu korrigieren.

Manche Kinder schwätzen auch unentwegt, andere reden fast nie. Die Kunst der Trainer ist es hierbei, die Eigenart der Kinder zu respektieren, aber eine Plaudertasche auch einmal zu unterbrechen, wenn es gerade wirklich stört.

Kommen wir jetzt direkt zu einem weiteren wichtigen Punkt. Wenn ein Kind etwas scheinbar verletzendes oder beleidigendes zum Trainer oder zur Trainerin sagt, reagieren Sie in der Regel nicht darauf. Kinder meinen das nicht böse. In bestimmten Situationen muß man aber handeln, wenn zum Beispiel "schlimme Wörter" gesagt werden. Erklären Sie dem betreffenden Kind freundlich und sachlich, dass diese Wörter nicht schön sind, und man sie besser nicht sagt. Wenn man

das als Trainer deutlich erklärt, erzielt es seine positive Wirkung. Denn Sie haben eine Vorbildfunktion für die kleinen Fußballer.

Bewahren kann man die Kinder nicht immer vor negativen Dingen wie Enttäuschungen, Misserfolgen, Niederlagen, auch wenn man ihnen am liebsten nur eine heile Welt schaffen will. Das funktioniert nicht und ist auch nicht hilfreich, um die Kinder auf das Leben vorzubereiten. Trainerinnen und Trainer müssen die Kinder dabei unterstützen, Niederlagen und Enttäuschungen zu verdauen. Haben Kinder das gelernt, besitzen sie eine wichtige Schlüsselqualifikation für das Leben. Auffangen, sich mit ihnen freuen oder leiden und Erfolgserlebnisse anbieten, das ist wohl die beste Hilfe. Das Wichtige ist, das Selbstvertrauen der Kinder zu stärken, dann lassen sich auch Niederlagen leichter verarbeiten

.

 # Psyche von Kindern

Für einen Coach ist es auch wichtig zu wissen, was für Kinder so die schlimmsten Erfahrungen sind, hier listen wir die meisten auf:

° Elternteil oder Eltern sterben

° Eltern trennen sich

° Todesfälle von Menschen, die das Kind auch lieb hatte wie Freunde, Geschwister oder Großeltern usw.

° Der beste Freund oder man selbst muss umziehen

° Lieblingsspielzeug geht verloren oder kaputt

° Die jüngeren Geschwister bekommen mehr Beachtung

° Geburtstagswünsche werden nicht ausreichend erfüllt

° Niederlage im Sport oder ein beliebter Trainer verlässt den Verein

Und spätestens jetzt wird jedem Trainer oder Trainerin klar, welche Bedeutung er oder sie im Leben eines Kindes haben kann. Natürlich ist der Verlust der eigenen Eltern oder deren Trennung mit Abstand die schlimmste Erfahrung, die ein Kind machen kann. Dieses wollen wir für keines unserer Fußballkinder, also aus ihrer Truppe, nur im Entferntesten hoffen, und gehen nicht näher darauf ein.

14

Psyche von Kindern

Grundlegende Dinge für Bambini / F-Jugend im Training

Trainer/innen und Übungsleiter/innen haben in Bezug auf die Kleinen (Bambini und F-Jugend) eine extrem große Verantwortung, die von vielen Erwachsenen vollkommen unterschätzt wird.

Noch niemals zuvor haben so viele Mädchen und Jungen bereits im Vorschulalter Fußball gespielt.

Wenn wir die Kinder in diesem Alter begeistern wollen, muss das Training vom ersten Moment an Spaß machen. Wenn wir allerdings Inhalte und Methoden aus dem Jugendbereich auf den Bambinifußball kopieren, erreichen wir genau das Gegenteil, und die Anzahl fußballspielender Kinder schrumpft in meinem Verein zusehends.

Die ersten Eindrücke des Sport- bzw. Fußballvereins sind entscheidend für den sportlichen Werdegang der Kinder. Bei einem inkompetenten Verhalten des Trainers, der Eltern, der Betreuer usw. können die kleinen Sportler einen ablehnenden Ersteindruck bekommen, negative Erfahrungen sammeln und im schlechtesten Fall eine Aversion gegen jeden Fußballverein aufbauen

.Hier erkennen wir die große Bedeutung des richtigen, vor allem kindgerechten Verhaltens von Trainern und Betreuern, die oftmals überhaupt keine Ausbildung, kein fachspezifisches Wissen oder Menschenkenntnis (hier: in Bezug auf Kinder) besitzen.

Schon vor „Urzeiten" wurden Vorschulkinder häufig in Turn- oder Leichtathletikvereine geschickt, um die körperliche Entwicklung zu fördern und Bewegungsmängel

vorzubeugen (manchmal bekannten sich Kinder dann erst viele Jahre später zu anderen Sportarten, bei Jungen war es meistens der Fußball). Die Kinder absolvierten dort Lauf-, Wurf- oder leichte Sprungübungen. Sie turnten und wurden mit leichten Ballspielen vertraut gemacht und auch das Fußballspielen war dabei.

Eine vielseitige motorische und muskuläre Entwicklung war gewährleistet, natürlich wurden damals wie heute viele pädagogische und methodische Fehler gemacht.

Deswegen brauchen wir besonders im Kinder- und Jugendbereich qualifizierte Kräfte (es muss hier natürlich keine offizielle Ausbildung sein).

Heute kommen immer mehr Kinder direkt zum Fußball, was für die Trainer/innen eine große Verantwortung für das gesundheitliche Wohl der Kinder bedeutet. Ausgebildet für diese Tätigkeit sind nur wenige Übungsleiter/innen.Der fußballerische Aspekt darf bei den Bambini nicht im Vordergrund stehen, sondern eine vielseitige Mobilität in Form von Laufen, Springen, Werfen, Ballspiele und Spiele unterschiedlichster Art. Die Kinder sollen hier eine grundlegende sportliche Ausbildung bekommen, wobei der Spaßfaktor und die Gemeinschaft im Vordergrund stehen. Hiermit wird die Basis für die weitere sportliche und soziale Entwicklung gelegt.Die Bambini müssen das Gefühl vermittelt bekommen, dass sie von der Gemeinschaft gebraucht werden (was ja auch so ist), dass jeder ein wichtiges Mitglied der Mannschaft ist (unabhängig von der Leistung), und dass jeder Spieler ein gleiches Maß an Lob und Anerkennung von Eltern,

Betreuern und Trainern verdient.

Merke: Die fußballerische Ausbildung darf bei den Bambini nicht im Mittelpunkt stehen, sonst hat dieses eventuell negative Auswirkungen auf die körperliche und seelische Entwicklung der Kinder. Im schlechtesten Fall wenden sich diese für immer vom Fußballverein ab oder die sportliche Leistungsfähigkeit entwickelt sich nicht optimal.

Der Trainer/in hat nun auch die wichtige Aufgabe, geschickt und freundlich, allzu ehrgeizige Eltern zu mäßigen, den Leistungsdruck fast ganz herauszunehmen und Wettkampfspiele mit einem großen Spaßfaktor zu belegen. Es soll überwiegend in kleinen Gruppen gespielt werden.

Die Kinder brauchen allerdings auch mehr als Fußbälle, Pylonen und Slalomstangen. Für die vielseitige Entwicklung sollten auch Geräte wie Bälle in allen möglichen Größen und Gewicht vorhanden sein. Weiterhin können Spielplätze mit leichten Kletterparcours, Reck (zum Schwingen und Hängen), Schaukeln, Rutschen und einem kleinen Bolzplatz, Turnhalle mit Geräten wie Bällen, Turnmatten (für leichte Turnübungen wie Purzelbaum und Strecksprung), Seile zum Balancieren und Springen (z.B. schwingt der Trainer ganz langsam ein Seil flach über den Boden und die Kinder springen im richtigen Moment darüber), Schaumstoffbälle für viele verschiedene Spiele (auch für Abwurfspiele und Kopfbälle), Tischtennisausstattung und auch kleine Sachen wie Luftballons und Seifenblasendosen zur vielseitigen Entwicklung der Kinder hervorragend beitragen.

# Psyche von Kindern

Diese vielseitige sportliche Betätigung und das Spielen in Gruppen ist unabdingbar zur Entwicklung der Motorik, Schulung von Sozialverhalten und Empathie, Vorbeugung von Haltungsschwächen und –schäden und zur Förderung einer sportlichen und menschlichen Persönlichkeit.

Die Übungen und Spiele dürfen für die Bambini nicht zu schwierig sein und auch keine hohe Konzentration erfordern, da sie sonst zu schnell ermüden.

Das Übungsangebot ist breit gefächert, muss ohne lange Erklärungen auskommen, und immer wieder die Phantasie und die Neugier der Kleinen wecken.

An dieser Stelle wird uns wieder einmal verdeutlicht, welche Verantwortung und Wichtigkeit gegenüber dem Trainer oder der Trainerin im Bambinisport obliegen.

Merke: Schwierige technische Übungen, die Schulung irgendeiner Taktik, lange Erklärungen und aufkommende Langeweile haben bei den Bambinis nichts zu suchen.

Wenn die Bambini ein Fußballspiel durchführen und alle laufen immer Richtung Ball, dann lass sie. Intuitiv spielen sie im Prinzip modernen Fußball, nur das Verschieben ist noch sehr extrem.

Das Einhalten fester Räume ist kontraproduktiv für die Kleinen und widerspricht sogar dem modernen Fußball.

Weiterhin darf jedes Kind alle Positionen ausprobieren, die es mal spielen möchte.

Und selbst wenn alle Kinder Torwart spielen wollen, dann wird eben jedes Spiel der Torwart gewechselt.

Taktik im Kinderfußball

Taktik im Kinderfußball

Ausgangssituation

Leider sieht man fast bei jeder Bambini- und F-Jugend-Mannschaft immer wieder eine Tendenz der Trainer, ihre Spieler mit starren Positionen zu belegen.
Es heißt dann: "Du spielst hinten rechts, Du hinten links" usw.
Im Spiel hört man dann: "Bleib hinten oder bleib vorne" etc.

Warum wird das so gemacht?
Warum versuchen Trainer den jüngsten Mannschaften eine solche Struktur zu geben?

Was versprechen sich diese Trainer davon?
Wir wissen es nicht!!!

Machen wir mal einen großen Sprung in den Jugend-bzw. Seniorenbereich!
Hier versucht mittlerweile fast jeder Trainer seine Mannschaft modern spielen zu lassen.
Es wird hier in der Regel sehr viel Wert auf taktische Verhaltensweisen gelegt.
Geprägt wird der moderne Fußball besonders durch zwei elementare Verhaltensweisen:

 # Taktik im Kinderfußball

1.ballorientiertes Verschieben
2. Abkehr von der Manndeckung

Kommen wir zurück zum Kinderfußball:
Durch die oben angesprochene Reglementierung der Spieler wird genau das verhindert, was wir später wieder mühsam trainieren müssen, und zwar ballorientiertes Verschieben und Raumdeckung, Übergeben, Übernehmen etc.

Lässt man die Kinder einfach intuitiv ihr Spiel machen, sehen wir Folgendes: Alle Spieler der Mannschaft (egal ob Ballbesitz oder nicht) verschieben Richtung Ball. Mit anderen Worten: Alle laufen hinter dem Ball her. Keiner (Ausnahme sind Kinder, die z.B. Blümchen pflücken oder sonstiges) bleibt irgendwo starr auf seiner Position. Alle haben Spaß und sind in ständiger Bewegung. Manndeckung gibt es bei diesem System nicht! Das heißt natürlich nicht, dass die Spieler keine Positionen bekleiden sollen. Vielmehr geht es darum, ihnen so viele Freiräume zu geben, wie möglich. Praktisch bedeutet dies, dass jeder Spieler (z.B. ein Abwehrspieler) sich ständig mit nach vorne und hinten einschalten sollte. Es reicht einem Abwehrspieler zu sagen: Wenn der Gegner den Ball hat, läufst du bitte nach hinten. Unsere Erfahrung hat gezeigt, dass Bambini - und F-Jugendspieler dies nach relativ kurzer Zeit umsetzen können.

 # Taktik im Kinderfußball

Allgemeine Daten Bambini

Merkmale der Bambini

° Geringe koordinative Eigenschaften
° Unterschiedliche Leistungsgrundwerte
° Stark vorhandene Neugier
° Geringes Konzentrationsvermögen
° Hohe Ich-Bezogenheit
° Markante Orientierung am Trainer
° Ausgeprägte Phantasie
° Enormer Bewegungs- und Spieldrang
° Hohe Beweglichkeit, relativ schwach ausgebildete Muskulatur

 # Ziele des Bambinifußballs

Ziele des Bambinifußballs

° Kontakte zu Gleichaltrigen herstellen
° Bedürfnisse und Wünsche ansprechen
° Das eigene Bewegungskönnen steigern
° Selbstvertrauen aufbauen
° Die Persönlichkeit fördern
° Vielseitige Bewegungsaufgaben schaffen
° Spaß und Freude am Fußballspielen zu geben

 # Ziele des F-Jugendfußballs

Allgemeine Daten F-Jugend

Merkmale der F-Jugend

° Koordinative Schwächen und schwach ausgeprägte Muskulatur
° Enorme Begeisterung für das Wetteifern mit anderen Kindern
° Wenig Konzentrationsvermögen
° Hohe, unkritische Orientierung an erwachsenen Vorbildern wie Trainern
° Hohe Bewegungs- und Spielfreude

Ziele des F-Jugendfußballs

° Förderung des Spaßes am Fußballspielen
° Vermitteln der wichtigsten Fußball-Techniken in der Grundform
° Koordinative und konditionelle Grundlagen spielerisch fördern

Betreueraufgaben

Betreueraufgaben (Trainer/in)

° Nur, wenn die Erwachsenen den Kindern mit Offenheit, Herzlichkeit und Begeisterung begegnen, fühlen sich die Kinder wohl und sind gut aufgehoben.

° Die Kinder werden immer wieder gelobt und motiviert.

° Positive Werte und Charaktereigenschaften vorleben!

° Spaß und Freude vermitteln, Motivation wecken – eine Begeisterung für das Fußballspielen vorleben.

° Schwache Leistungen von Kindern werden nicht kritisiert.

° Allzu ehrgeizige Eltern werden vom Trainer oder der Trainerin freundlich aber bestimmend gedämpft.

° Negative Zurufe, von den Zuschauern und Eltern an die Kinder, den Schiedsrichter, die Betreuer oder den Trainer bzw. Trainerin, sind zu unterlassen. Hier müssen die Betreuer und Trainer freundlich eingreifen.

° Trainer, Betreuer und Eltern müssen Kindergeburtstage geschickt in den Trainingsbetrieb miteinbringen, denn ein Geburtstag ist für die Kleinen von höchster Wichtigkeit, und ein Tag, an dem sie besondere Aufmerksamkeit geschenkt haben wollen.

° Jedem Kind wird der gleiche Respekt zugesprochen.

° Gefährliche Übungen werden im Kindertraining nicht eingesetzt. Die Kleinen können eine Gefahr nicht richtig einschätzen.

Hiermit sind z.B. gemeint: Gefährliche Kletterübungen, Kopfball mit einem harten Ball, Tacklingübungen jeglicher Art; gefährliche Schaukeln, die nicht schaukelnde Kinder schwer verletzen können; Schaukeln, die extreme Höhen erreichen können; das Spielen von Hockey, wegen hoher

 # Betreueraufgaben

Verletzungsgefahr beim Schwingen mit dem Schläger usw.

° Eine kurze Besprechung vor einem Spiel ist vollkommen ausreichend.

° Jedes Kind darf lang genug spielen, hierbei wird nie auf Spielstand oder sogar Taktik geachtet.

° Bei einem Foulspiel den Kindern erklären, was nicht richtig war.

° Der Trainer oder die Trainerin begrüßen und verabschieden die Kinder immer innerhalb der ganzen Gruppe.

° Die Kinder werden immer angefeuert und bei Toren oder Auswechslungen sollte abgeklatscht werden.

° Der Spielführer wechselt von Spiel zu Spiel und jedes Kind kommt an die Reihe. In der Halbzeitpause den Kindern immer Getränke anbieten. Die Halbzeitansprache ist sehr kurz, und die Kinder werden dabei persönlich aufmunternd angesprochen.

° Genügend Zeit zum Einspielen sollte immer gegeben sein.

° Die Kinder werden immer für ihre Stärken gelobt, aber nicht auf ihre Schwächen angesprochen (das kommt später bei den Jugendlichen noch früh genug).

° Trainer und Betreuer wirken als Vorbilder für Kinder.

° Trainer im Kinderfußball sind kaum Technik- oder Taktikvermittler. Sie sind überwiegend Tröster, Streitschlichter, Spaßmacher, Erzieher und Freund.

° Sensibilität für Probleme von Kindern zeigen und Lösungsmöglichkeit finden.

 # Sanktionen im Kinderfußball

Sanktionen im Kinderfußball

Im Kinderfußball gibt es grundsätzlich keine Sanktionen. Dies ist von höchster Bedeutung. Kinder dürfen im Training und Wettspiel nur positive Momente erleben. Werden die kleinen Fußballer öfter zu spät zum Training gebracht oder kommen selbstständig (ab F-Jugend durchaus möglich, wenn sie ganz in der Nähe des Sportplatzes wohnen und nur dann) zu spät, bitte freundlich mit den Eltern reden. Deswegen muss ein Trainer oder ein Trainerin immer alle Telefonnummern der Eltern oder Aufsichtspersonen parat haben.

Bambinis oder F-Jugendliche müssen grundsätzlich durch Eltern oder andere Aufsichtspersonen beim Trainer oder der Trainerin abgegeben und auch abgeholt werden. Ansonsten bitte sofort die Eltern kontaktieren und darauf ansprechen. Die Kleinen müssen ständig beaufsichtigt werden. Denken Sie allein an den gefährlichen Straßenverkehr oder noch Schlimmeres.

Sollte ein Kind nach dem Training nicht abgeholt werden, trägt der Trainer oder die Trainerin die volle Verantwortung, bis es wieder in der sicheren Obhut der Eltern oder anderer offizieller Aufsichtspersonen (wie Heimleitung bei Heimkindern) ist.

Aufbau der Trainingseinheiten

Aufbau der Trainingseinheiten im Kinderfußball

Einige Übungen können auch im F-Jugendbereich eingesetzt werden, je nach Leistungsstand und Entwicklung auch die komplette Einheit.

Bei den Bambini dauert eine Trainingseinheit 60 Minuten und sollte in der Regel zur gleichen Zeit beginnen und enden. In der F-Jugend dauert eine Trainingseinheit etwa 70 – 80 Minuten.

Warum sollte eine Trainingseinheit bei den Bambini 60 Minuten nicht überschreiten (etwas weiter unten folgt die Erklärung)?

Wir müssen hier noch einmal verdeutlichen, dass der Trainer oder die Trainerin die Schlüsselfigur für die Faszination Fußball für Kinder ist.

Mit dieser Person oder Personen steht und fällt oft alles. Hier werden die Weichen für eine lang- oder kurzfristige Fußball-Laufbahn gestellt.

Der Trainer oder die Trainerin ist nicht nur ein Kindertrainer/in sondern auch Idol, Erzieher, Clown, Spaßmacher und sogar eine Art von Freund.

Es sind die ersten Eindrücke vom Trainer, Trainerin, Betreuer, von der Mannschaft, vom Training, Wettspielen und vom ganzen Verein, die darüber entscheiden ob ein Kind langfristig mit Begeisterung Fußball spielt.

Dieses lässt sich nicht mit dem Erwachsenenfußball kopieren. Der Kinderfußball braucht seine eigenen Vorschriften und Regeln. Spaß, Bedürfnisse, Orientierungen und Interessen

dürfen sich nicht an Leistung, Ergebnis und Meisterschaft messen.

Es wird in kleinen Gruppen mit Spaß trainiert, stupide und monotone Technikübungen werden nie absolviert. Vor dem eigentlichen Training empfiehlt es sich schon jedem Kind einen Ball zu geben. Jetzt können sie schon laufen, dribbeln, schießen und passen wie sie möchten.

Die danach folgende Trainingseinheit muss immer abwechslungsreich und bewegungsintensiv sein. Jedem Kind müssen Erfolgserlebnisse garantiert sein. Der Trainer oder die Trainerin muss jedes Training intensiv planen, sonst schleichen sich sehr schnell Routine und monotone Übungen ein. In großen Gruppen sollte relativ selten trainiert werden.

Wichtige Aspekte bei der Trainingsplanung:

Findet das Training in der Halle oder auf dem Sportplatz statt (der verfügbare Raum muss hier einkalkuliert werden)?
Muss der verfügbare Trainingsbereich mit anderen geteilt werden?
Ist die Bodenbeschaffenheit des Platzes in Ordnung (z.B. Gefahr bei Glatteis) oder muss ich auf einen andere Trainingsfläche ausweichen?
Wie viele Kinder kommen zum Training? Man hat immer einen Plan B bereit, falls viel mehr oder weniger Kinder erscheinen.
Welche Materialien habe ich zur Verfügung?
Sind weitere Trainer oder Betreuer vor Ort, die beim Training helfen (so ist ein Gruppentraining besser durchführbar)?

# Aufbau der Trainingseinheiten

Merke: Die Trainingseinheiten werden mit einer sehr geringen physischen Belastung durchgeführt. Krafttraining jeglicher Art, lange Laufübungen, lange Trainingseinheiten, lange Sprints, Schulung der Schnelligkeitsausdauer usw., haben im Kindertraining nichts verloren. Die intra- und intermuskuläre Koordination ist noch nicht optimal entwickelt, der Ermüdungsgrad ist noch sehr hoch, der Muskelaufbaueffekt sehr gering, die Motorik insgesamt noch etwas "wackelig" usw.

Harte Trainingseinheiten führen bei Kindern zu extremen Muskelkater, juvenile Hypertonie (jugendlicher Bluthochdruck), motorische Störungen, Nervosität usw.

Den extremen Muskelkater wird nun auf den nächsten zwei Seiten genauer beschrieben, aufgrund seiner Gefährlichkeit. Das gilt im Prinzip für alle Altersgruppen, aber besonders für Kinder.

 # Extremer Muskelkater

Extremer Muskelkater (Rhabdomyolyse)

Bei einer extrem hohen und ungewohnten Belastung kann es zu einem höchst intensiven Muskelkater kommen, der Muskeln zum Teil auflösen lässt. Zum Glück tritt dies sehr selten auf. Aber ein Trainer oder eine Trainerin sollte zu Saisonbeginn extrem harte Einheiten vermeiden (**im Kindertraining werden harte Trainingseinheiten natürlich nie absolviert**), um die Gesundheit der Spieler nicht zu gefährden.

Ein normaler Muskelkater ist nach einem gemäßigten Trainingsbeginn normal. Aber bei einer totalen Überforderung kann dieser genannte extreme Muskelkater auftreten. Er äußert sich ein bis zwei Tage später mit extremen Schmerzen und Brennen und Schwellungen, dass Bewegungen fast nicht mehr möglich sind.

Der Urin wird schokoladenbraun, Teile der Muskulatur lösen sich auf. Es können Langzeitschäden folgen.

Der Fachbegriff für dieses Phänomen lautet "belastungsabhängige Rhabdomyolyse", hierbei lösen sich die Hüllen der überstrapazierten Muskelzellen auf, ihr Inhalt läuft aus und die Nebenwirkungen können enorm sein. Zunächst kann sich die Flüssigkeit aus den Muskelzellen innerhalb einer Körperfaszie ansammeln und dann Blutgefäße abdrücken. Nun kann die Niere damit überfordert werden, denn sie muss den ausgelaufenen Inhalt der Muskelzellen abbauen. Im schlimmsten Fall verstopft sie. Normalerweise tritt bei der Rhabdomyolyse nämlich ein Eiweiß aus, das Myoglobin. Im Muskel ist es für den Sauerstofftransport erforderlich. Darum kann sich bei einer Rhabdomyolyse auch der Urin dunkel färben.

 # Extremer Muskelkater

Symptome Rhabdomyolyse:

° ungewöhnlich starke Belastung
° dunkler Urin
° Fieber und Unwohlsein
° starke und schlimmer werdende Muskelschmerzen in den viel zu hart trainierten Muskelgruppen
° steife, oft geschwollene Muskeln

Rhabdomyolyse kann aber auch auftreten, wenn Muskelgruppen z. B. bei schweren Verkehrsunfällen zerquetscht werden. Auch Drogen oder Gifte von Schlangen oder bestimmten Giftpilzen können die Muskelzellen zerstören. Aber dies soll hier nur am Rande erwähnt werden.

Richtlinien für Kindertrainer

Richtlinien für Kindertrainer

Jeder Kindertrainer oder jede Kindertrainerin muss alle Kinder mögen, ansonsten macht ein Training keinen Sinn.

Spielfreude geht immer vor Spielergebnissen.

Individuelle Fortschritte werden immer gelobt.

Der Trainer oder die Trainerin sollte sich über die Lebenshintergründe aller Kinder diskret informieren.

Es werden Regeln für das Training mit den Kindern vereinbart, Normen und Werte vorgelebt.

Es besteht immer ein angstfreies Klima ohne jeglichen Leistungsdruck.

Alle Kinder bekommen die gleiche Zuwendung.

Wie schon erwähnt ermüden die Kleinen schnell, die Muskulatur ist noch schwach ausgebildet, die Leistungsvoraussetzungen sind sehr unterschiedlich und die Konzentrationsfähigkeit ist noch sehr gering. Wichtig ist, dass jede größere Überforderung der Kinder vermieden werden muss.Bei den ersten Anzeichen von Ermüdungen bei einem Kind, wird dieses geschickt im weiteren Trainingsverlauf geschont. Auch dürfen wir nicht vergessen, dass Kinder ein ganz anderes Zeitempfinden haben. Eine Stunde konzentrierte Bewegung und Spiel von den Bambini bedeutet ungefähr das Gleiche, als wenn wir drei Stunden trainieren und spielen würden.

Besondere Vorsicht ist bei hohen Außentemperaturen geboten. Ausreichend Getränke müssen bereit stehen und immer wieder Pausen im Schatten eingelegt werden.

 # Aufbau der Trainingseinheiten

Bei extremen Außentemperaturen werden Spiele locker im Schatten absolviert.

Merke: Der Trainer oder die Trainerin hat eine hohe Verantwortung gegenüber den Bambini oder den F-Junioren. Bei extremen Wetterlagen wie Hitze und hohe Ozonwerte oder Sturm mit Regen sollte genau überlegt werden, ob und wo das Training stattfindet.

Vor jedem Training sollte obligatorisch ein Gesprächskreis gebildet werden, wo z.B. Neuigkeiten oder andere Sachen besprochen werden.

Grundsatz: Im Bambinitraining werden oft Übungen mit einer kurzen Geschichte erläutert. Die Erfahrung hat gezeigt, dass der Spass an den Übungen dadurch noch größer wird und die Kinder die Übungen schneller verstehen!!!

Trainingseinheit Geburtstag

Merke: Für Bambini und F-Jugendliche ist der Geburtstag ein ganz besonderer Tag. Hier brauchen sie viel Aufmerksamkeit und wollen zurecht im Mittelpunkt stehen. Deswegen sollte der Trainer/in hier mit den Eltern eine Trainingseinheit organisieren, die auf das jeweilige Geburtstagskind ausgerichtet ist. Deswegen hier ein Beispiel für so ein kleines Event.

Ein Kind hat Geburtstag und der Gesprächskreis findet in einer ganz anderen Form statt. Das Geburtstagkind wird von allen Kindern und Erwachsenen gefeiert. Bänke und Tische sind aufgebaut mit Tellern, Besteck, Gläser, Getränke und etwas zum Naschen. Die Getränke sollten überwiegend Apfelschorle und Wasser sein. Hier hat der Trainer oder die Trainerin eine Vorbildfunktion auch für die Eltern, süße Limonaden in großer Menge sind schädlich für Kinder (allein schon wegen hoher Kariesgefahr). Das süße Essen könnte z.B. aus einem Mohrenkopf und einem kleinen Muffin pro Kind bestehen (damit ist der Bauch auch nicht zu voll). Auch hier ist wieder eine Vorbildfunktion angebracht, Bonbons, Lutscher usw. in Hülle und Fülle sind genauso schädlich, und zu vermeiden.

Merke: Bonbons, Lutscher, Kaugummis usw. dürfen den Kleinen nicht vor dem Training oder einem Wettspiel gegeben werden. Die Gefahr eines Verschluckens , während der Belastung mit schlimmen Folgen, ist nicht auszuschließen. Wir dürfen auch nicht vergessen, dass diese Süßigkeiten (in Form von Industriezucker) ungesund sind. Ein regelmäßiger Verzehr oder eine Aufnahme in großer Menge sollte

vermieden werden.

In Bezug auf die Ernährung hat der Trainer oder die Trainerin ebenfalls eine Verantwortung gegenüber den kleinen Fußballern. Hier kann Aufklärungsarbeit gegenüber Eltern geleistet werden, die sich noch nicht über die negativen Folgen von einer zu hohen Aufnahme von Industriezucker informiert haben. Süßigkeiten mit einem hohen Zuckergehalt sollten nur selten konsumiert werden. Bei den Kindern z.B. zu Geburtstagen, Weihnachten, Nikolaus und Ostern. Das sind wohl schon Ausnahmen genug. Dazu gehören auch zuckerhaltige Getränke wie bestimmte Limonaden und Fruchtsäfte. Fruchtsäfte trinkt man am besten in Form von Schorlen, ein Teil Fruchtsaft und zwei Teile Wasser.

Was passiert bei permanent zu hoher Aufnahme von Industriezucker?

Okay, es ist schlecht für die Zähne und Knochen und fördert Diabetes wie Adipositas, das weiß jeder. Aber haben sie auch gewusst, dass dies zum plötzlichen Tod führen, jedoch zumindest die geistige und körperliche Leistungsfähigkeit dramatisch reduzieren kann.

Konsumiert man ständig zu viel Industriezucker, produziert die Leber keine oder nur noch wenig Glukose. Bekommt man nun extern keinen Zucker über Stunden oder Tage, erleidet man einen Zuckerschock, weil kein Zucker mehr im Blut ist, also keine Energie. Es ist nur logisch, dass man dadurch sterben kann. Bitte klären Sie, wenn sich die Gelegenheit bietet, alle Eltern darüber auf.

Also, einen Zuckerschock kann man auch ohne Diabetes erleiden, bei zu hoher und permanenter Aufnahme von Industriezucker.

 # Trainingseinheit Geburtstag

Zurück zu der Trainingseinheit „Geburtstag. Alle Kinder sitzen am Tisch. Sie gratulieren und feiern das Geburtstagskind. Kleine Geschenke (aber wirklich nur Kleinigkeiten) werden überreicht und ein Geburtstagslied wird gesungen.

Nach dem Essen und Trinken erfolgt ein kleines Geburtstagsfest-Aufwärmen.

Viele im Vorfeld aufgeblasene Luftballons werden in einem abgesteckten Feld abgelegt (relative Windstille oder eine windgeschützte Fläche sind natürlich Voraussetzung).

Die Kinder sollen nun die Luftballons aus dieser Fläche nach außen schießen. Wenn alle Bälle aus dem Feld geschossen sind, bekommen sie die Aufgabe, die Bälle mit dem Fuß zum Platzen zu bringen. Die Reste hebt das Kind auf. Wer die meisten Reste gesammelt hat (damit die meisten zertretenen Luftballons), hat das Spiel gewonnen.

 # Trainingseinheit Geburtstag

Turnierspiel

Nach dem Aufwärmspiel beginnt ein Turnier bestehend aus drei Mannschaften. Das Turnierfeld wird nach Anzahl der Spieler abgesteckt. Das Geburtstagskind ist in seiner Mannschaft Kapitän, bestimmt seine Spielposition und seine Mitspieler. Jede Mannschaft spielt zweimal gegeneinander mit einer Spieldauer von 2 x 5 Minuten (die spielfreie Mannschaft hat somit eine kindgerechte Pause, in der sie trinken und sich auf das nächste Spiel vorbereiten können). Gespielt werden kann mit drei erwachsenen Schiedsrichtern, ganz offiziell mit Linienrichtern und einem Schiedsrichter mit Pfeife. Nach einem Tor erfolgt Anstoß von der Mittellinie. Endet das Turnier, gibt es eine richtige Siegerehrung, vielleicht mit Urkunden oder einem kleinen Preis für jedes Kind.

Das Aufräumen wird von allen Kindern und Erwachsenen zusammen durchgeführt, nur das Geburtstagskind ist davon befreit und darf schon mal seine kleinen Geschenke verstauen.

Anmerkung: Viele perfekte Trainingseinheiten für Bambini / F-Jugend mit Zeichnungen finden Sie in unserem Buch „Bambini / F-Jugend 20 komplette Trainingseinheiten" von Manfred Claßen und Wolfgang Schnepper.

Psyche und Motivation

Psyche und Motivation

Die folgende Erläuterung bezieht sich größtenteils auf Kinder und Jugendliche ab der E-Jugend. Da es sich hier aber um ein extrem wichtiges Thema handelt, und es der Trainer oder die Trainerin später einmal mit diesen Altersgruppen zu tun hat, fügen wir diesen Exkurs kurz hier ein. Einige Aspekte finden aber auch schon ab der G-Jugend (Bambinis) an Bedeutung.

Bei Sportlern gibt es zwei unterschiedliche psychische Stereotypen und zwar den Athleten "Hoffnung auf Erfolg" und den Athleten "Angst vor Misserfolg".
Diese Erscheinungsformen können unterschiedlich stark ausgeprägt sein.
"Hoffnung auf Erfolg" kann so extrem vorhanden sein, dass der Fußballer viel zu eigensinnig und egozentrisch agiert.
"Angst vor Misserfolg" kann so stark ausgeprägt sein, dass der Fußballer keine Verantwortung und kein Risiko übernehmen will und den Ball so schnell wie möglich weiterspielt (nur Sicherheitspässe).
Hier muss der Fußballtrainer unterschiedlich auf die Jugendlichen Fußballer eingehen. Der Athlet "Angst vor Misserfolg" braucht einen konsequenten Aufbau des Selbstvertrauens. Der Spieler wird im Training mit Aufgaben der Verantwortung beschäftigt. Hierfür gibt es unterschiedliche Aufgabenstellungen, z.B. Darf dieser Spielertyp in einem Trainingsspiel als einziger weite Bälle schlagen, den Freistoß oder die Eckball treten, Einwurf ausführen oder einen Angriff abschließen.

# Psyche und Motivation

Weiterhin können diese Jugendfußballer in Spielen gegen wesentlich schwächere Mannschaften mit Führungsaufgaben eingesetzt werden. Hier ist die Wahrscheinlichkeit eines Erfolgs wesentlich höher und das Selbstvertrauen wird gestärkt.

Der Spieler bekommt beispielsweise bestimmte Aufgaben wie, "gehe an der Außenlinie an deinem Gegenspieler vorbei, laufe bei einem Konter mit nach vorne bei einem Anspiel schließt du mit einem Torschuss ab, du schießt den Elfmeter, du spielst überwiegend lange Bälle usw."

Der Athlet „Hoffnung auf Erfolg" muss bei zu egoistischem Spiel gebremst werden. Diese Situation kann allein schon durch ein Gespräch mit dem Trainer bereinigt werden.

Bei einem Scheitern wird der Jugendfußballer mit leichten Sanktionen belegt. Bei Trainingsspielen darf dieser Sportler immer nur maximal dreimal den Ball pro Anspiel berühren, er darf nicht auf das Tor schießen, keinen Einwurf oder Eckball ausführen oder keinen Gegenspieler austricksen.

In einem Wettspiel kann dieser Fußballer z.B. nur mit Defensivaufgaben belegt werden (diese Maßnahme sollte allerdings bei einem offensiven Spieler maximal 15 Minuten betragen, denn wird zu lange gegen die Spielernatur agiert, verliert der jugendliche Spieler das Interesse am Fußball).

# Psyche und Motivation

Spieler zusätzlich motivieren

Motivation ist zunächst eine geistige Energieform, die in die Praxis umgesetzt werden muss. Diese Umsetzung muss effektiv auf ein bestimmtes Ziel eingesetzt werden und die Aufrechterhaltung bleibt bis zur Erreichung des Ziels.

In der Regel sind die meisten Jugendlichen (Kinder sowieso) in Bezug auf ihre gewählte Sportart motiviert bis stark motiviert (Ausnahmen treten bei familiären Problemen, Alkohol- oder Drogensucht, Erreichen eines zu hohen Übergewichts usw.).

Der Trainer hat die Aufgabe, die Motivation zu erhöhen und in die richtige Richtung zu lenken. Der Motivationsfaktor wird durch die Auswahl der optimalen Trainings-und Übungsformen erreicht, d.h. langweiliges und monotones Aufwärmen oder immer das gleiche Schusstraining sind z.B. zu vermeiden).

Die Schwachpunkte der einzelnen Spieler sind zu analysieren und müssen individuell trainiert werden. Dies kann z.B. über ein Stationentraining (ab F-Jugend) erreicht werden. An den Stationen wird z.B. Einwurf auf Weite trainiert, Schusstraining, Eckballtraining, Kopfballtraining, Passtraining, Fintentraining, Ausdauertraining, Sprinttraining und vieles mehr. Die Spieler werden in Gruppen mit relativ gleichen spielerischen Defiziten aufgeteilt und den entsprechenden Übungsstationen zugeteilt. Nach einiger Zeit wird die Station gewechselt und dabei den Gruppen verstärkt die Übungen zugeteilt, in denen sie den größten Nachholbedarf haben.

 # Literaturverzeichnis

Schnepper,W.: Fußballtrainer - Optimaler Weg zum perfekten Coach, BOD 2019

Schnepper,W.: Fußballtrainer - Psychologie und Basiswissen, Bod 2019

Claßen, M. / Schnepper, W.:
Taktiktraining im Jugendfußball, BOD, 2011

Claßen, M. / Schnepper, W.:
Taktiktraining im Jugendfußball 2, BOD, 2012

Claßen, M. / Schnepper, W.:
Pressing mit System, BOD, 2012

Schnepper, W / Claßen, M:
Bambini / F-Jugendtraining: 20 Trainingseinheiten, BOD, 2013

Schnepper, W / Claßen, M:
F-Jugend / E-Jugendtraining: 20 komplette Trainingseinheiten, BOD, 2013

Schnepper, W / Claßen, M:
E-Jugend / D-Jugendtraining: effektive Übungen, BOD, 2014

Notizen

Notizen

Notizen